HISTORIQUE

DE

LA TRAITE ET DU DROIT DE VISITE.

HISTORIQUE

DE

LA TRAITE

ET DU

DROIT DE VISITE.

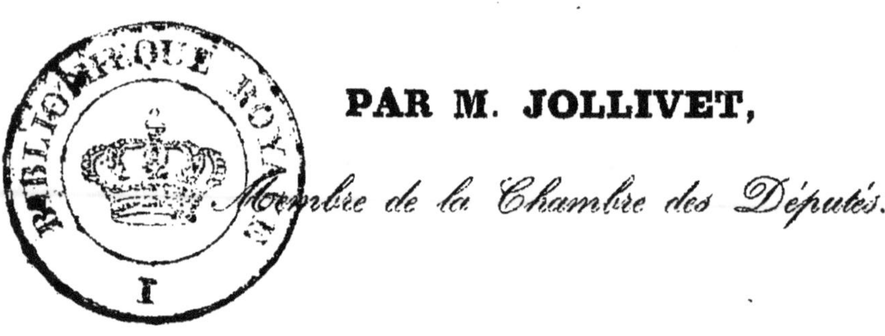

PAR M. JOLLIVET,

Membre de la Chambre des Députés.

———⋅———

A PARIS,

DE L'IMPRIMERIE DE BRUNEAU,

RUE CROIX-DES-PETITS-CHAMPS, 33.

1844.

INTRODUCTION.

Je veux établir que l'Angleterre a fait la traite tant qu'elle a eu intérêt à la faire (1).

Qu'elle ne l'a abolie que quand elle a eu intérêt et là seulement où elle a eu intérêt à l'abolir.

Que l'abolition de la traite a été pour l'Angleterre un prétexte ; le droit de visite, un moyen ; la suprématie des mers, le but ; but qu'elle a pour-

---

(1) J'ai puisé la plupart de mes documents historiques dans un ouvrage publié à Philadelphie en 1819, par M. Robert-Walsh, publiciste d'une haute distinction, consul-général des États-Unis d'Amérique à Paris.

suivi tantôt par les armes, tantôt à l'aide de la diplomatie.

Enfin, que les traités de 1831 et 1833 sont temporaires et révocables par la volonté soit de la France, soit de l'Angleterre.

HISTORIQUE

DE

LA TRAITE ET DU DROIT DE VISITE.

———◆———

Les Anglais ont fait la traite dès le règne d'Élisabeth.

Hawkins, commandant le *Jésus*, navire de guerre de 700 tonneaux, le *Salomon*, le *Tigre* et l'*Hirondelle*, fit voile, en 1562, pour la côte de Guinée.

Il s'y procura une ample cargaison de nègres, par la ruse et par la violence, la vendit avantageusement, et au retour de son expédition, fut nommé trésorier de la marine et chevalier des ordres.

Des compagnies, à la tête desquelles brillait la fleur de l'aristocratie anglaise, obtinrent, sous les rois Jacques Ier, Charles Ier et Charles II, des chartes qui leur octroyèrent le monopole de la traite.

Ces compagnies privilégiées devinrent un objet d'envie; elles furent attaquées, le croirait-on, au nom du droit naturel et de la liberté du commerce;

et un acte du Parlement de l'année 1697, permit la traite à tout citoyen anglais.

Pour la faciliter, des factoreries furent établies et des forces construites aux frais de l'État sur la côte d'Afrique.

En 1689, l'Angleterre stipula, par un traité avec l'Espagne, le droit de fournir seule, aux colonis espagnoles, leur approvisionnement de noirs.

L'article 12 du traité d'Utrecht (1713) fixa cet approvisionnement à la quantité de 4,800 noirs par an, pendant 30 ans.

Ce fut là, suivant une réflexion de lord Brougham, le prix des victoires de Ramillies et de Blenheim !

L'Angleterre obtint la prolongation de son monopole par les traités d'Aix-la-Chapelle et de Madrid.

En 1792, on comptait vingt-six actes du Parlement qui autorisaient et favorisaient la traite.

En 1797, l'Angleterre s'empara des colonies hollandaises de Demerary, de la Guyane et de Berbice.

La guerre les avait empêchées de s'approvisionner de noirs.

Les Anglais y pourvurent largement; la *Revue d'Édimbourg* évalue à 57,000 le nombre des noirs importés chaque année dans ces colonies, depuis 1797 jusqu'en 1805.

L'histoire du commerce, par Anderson, l'évalue à 100,000.

« La vérité, dit Clarkson, est qu'aucune nation » n'a pris une part plus grande à la traite que l'An- » gleterre.

» C'est l'Angleterre qui a arrêté la civilisation en
» Afrique ; c'est l'Angleterre qui l'a maintenue dans
» un état d'esclavage, de guerre et de barbarie; c'est
» l'Angleterre qui a continuellement poussé à la
» guerre les peuplades africaines les unes contre les
» autres, afin de s'enrichir par cet odieux trafic ! »

Clarkson et ses amis ont long-temps pétitionné
pour l'abolition de la traite, au nom de la religion et
de l'humanité.

Mais le Parlement repoussait leurs pétitions; et lors-
qu'il a enfin cédé, on peut assurer qu'il a cédé par
des motifs plus politiques qu'humanitaires, plus
commerciaux que religieux ; c'est là une vérité historique dont il est facile d'administrer la preuve.

M. Wilberforce, chef du parti *des Saints*, proposa,
en 1791, d'abolir la traite.

Sa proposition fut rejetée à une grande majorité.

Un des opposants, M. Grosvenor, tout en recon-
naissant que M. Wilberforce avait parlé avec la plus
grande éloquence, défendait la traite à raison de son
utilité...

« Le commerce du boucher, disait-il, est comme la
traite, un commerce peu *aimable;* mais une côtelette
de mouton n'en est pas moins une fort bonne
chose. »

Prenons garde, disait M. *Dundas*, qu'en suppri-
mant la traite, nous ne compromettions l'existence
de nos colonies d'Amérique !

Depuis 1791, M. Wilberforce et ses amis renouvelèrent plusieurs fois leur motion d'abolir la traite, mais sans succès jusqu'en 1807.

Ils n'atteignirent leur but qu'en changeant leurs moyens.

Ils n'attaquèrent plus le commerce des noirs comme contraire à la religion et à l'humanité, mais comme préjudiciable aux intérêts anglais (1).

Ils se prirent à calculer le nombre de marins qu'il coûtait chaque année à l'Angleterre;

Ils démontrèrent qu'on pourrait le remplacer par un commerce beaucoup plus lucratif avec l'Afrique; ils établirent que les colonies anglaises étaient abondamment approvisionnées de noirs (2); ils insinuèrent que les colonies étrangères seraient forcées d'imiter l'Angleterre, dans des circonstances beaucoup moins favorables; et leur conclusion fut que, tout considéré, la suppression de la traite serait plus utile que nuisible à l'Angleterre.

M. Whilbread se plaignait donc, avec raison, de ce que la suppression de la traite était envisagée dans le Parlement anglais, moins comme une question d'humanité, que *comme un compte par profits et pertes, où l'on balançait l'argent de l'Angleterre et le sang africain.*

La traite abolie dans les colonies anglaises, l'An-

---

(1) M. Clarkson publia un pamphlet ayant pour titre : *The impolicy of the Slave trade.*

(2) Pour mettre l'approvisionnement au grand complet, plus de 70,000 noirs furent importés dans les colonies anglaises dans le cours de l'année 1806.

gleterre, comme on devait s'y attendre, a fait des efforts persévérants pour en obtenir l'abolition dans toutes les colonies.

Lord Lauderdale fut envoyé par M. Fox auprès de l'empereur Napoléon pour négocier à ce sujet. Voici le compte curieux qu'il rendit de sa mission dans la Chambre des lords, en 1807 (1) :

« Lorsque que je pressai le Gouvernement français d'abolir la traite, il me fut répondu que je ne pouvais pas m'attendre que le Gouvernement français, irrité comme il devait l'être contre les noirs de Saint-Domingue, se prêtât volontiers au désir du cabinet britannique.

» Mais ce n'était pas là une réponse sérieuse; et bientôt on me donna la véritable : à savoir que l'Angleterre avait pu abolir la traite, ses colonies étant abondamment pourvues de noirs ; qu'il n'en était pas ainsi des colonies françaises ; et que la suppression de la traite, sans inconvénient pour l'Angleterre, aurait de graves inconvénients pour la France. »

Après la paix de 1814, l'Angleterre craignit que les colonies étrangères, qui n'avaient pu se procurer de noirs durant la guerre, n'allassent en chercher à la côte d'Afrique, et elle commença contre la traite cette croisade qu'elle a continuée depuis avec l'esprit de suite qui la caractérise.

L'Angleterre s'adressa d'abord à Ferdinand, roi d'Espagne; mais Ferdinand refusa de l'écouter.

(1) Cobbet's parliamentary debates, vol. III.

Elle fut plus heureuse au congrès de Vienne.

Lord Castelreagh réussit, malgré l'opposition des plénipotentiaires d'Espagne et de Portugal ; et après quatre séances consécutives, il obtint la fameuse déclaration du 8 février 1815, par laquelle toutes les grandes puissances représentées dans le congrès se prononcèrent contre la traite et annoncèrent la résolution de l'abolir.

Mais cette déclaration de principe ne fut pas suivie d'effets immédiats.

Le comte Labrador, ministre plénipotentiaire d'Espagne, fit observer « que si les colonies espagnoles d'Amérique avaient, comme les colonies anglaises, un nombre suffisant de noirs, le roi d'Espagne n'hésiterait pas un instant à abolir la traite ; que la question de l'abolition ayant été débattue devant le Parlement britannique, depuis 1788 jusqu'en 1807, les colonies avaient eu tout le temps de se procurer le nombre de noirs nécessaire à la culture, et qu'en fait, elles se l'étaient procuré ; que la Jamaïque en était la preuve, puisqu'en 1787, elle n'avait que 250,000 noirs, tandis qu'elle en comptait 400,000 en 1807 ».

Dans une dépêche confidentielle au duc de Wellington (1), lord Castelreagh se demande comment l'Angleterre parviendra à arracher aux autres puissances coloniales *l'avantage* que leur procure la possibilité de faire la traite.

(1) Voir les pièces officielles de Schoell, vol. VII, p. 90.

Le meilleur moyen à son avis, serait de déclarer les produits de leurs colonies prohibés ; il prie le duc de Wellington de sonder le prince de Talleyrand sur ce moyen.

Le prince de Talleyrand se montra fort peu disposé à l'accueillir.

Lord Castelreagh le proposa de nouveau à l'empereur de Russie, et le soumit à la conférence des plénipotentiaires ; les plénipotentiaires d'Espagne et de Portugal protestèrent contre ce procédé coercitif, et menacèrent d'exclure, à leur tour, les produits des pays qui l'auraient adopté et pratiqué.

Schoell, qui a écrit une histoire des traités de paix, fait observer dans son XIe volume, que si l'Angleterre était parvenue à prohiber les produits des colonies françaises, espagnoles et du Brésil, sous prétexte qu'on y faisait la traite, elle aurait rendu l'Europe tributaire de ses possessions de l'Inde.

Après la deuxième restauration, l'Angleterre insista de nouveau pour l'abolition de la traite, et comme il n'était plus possible de lui rien refuser, le prince de Talleyrand fut chargé d'annoncer, le 3 juillet 1815, à lord Castelreagh, que la traite serait à tout jamais interdite aux sujets de sa majesté très-chrétienne. Cette interdiction fut écrite dans le traité du 30 novembre 1815. En 1816, l'Angleterre reprit ses négociations avec l'Espagne, et tirant habilement parti des nécessités de sa situation, elle lui imposa le traité de Madrid du 23 septembre 1817. Par ce traité, l'Espagne consentit, moyennant une somme de

400,000 livres sterling (10 millions de francs), à renoncer à la traite dès à présent au nord de l'Équateur, et à l'abolir entièrement à partir du 30 mai 1820.

M. Wilberforce, dans la séance de la Chambre des communes du 7 février 1818, applaudit à ce traité, dit que « le sacrifice pécuniaire serait largement
» compensé par les *avantages commerciaux* que le traité
» allait procurer à l'Angleterre; que l'Espagne ces-
» sant de porter ses marchandises à la côte d'Afrique,
» pour l'échange des noirs de traite, l'Angleterre
» allait prendre sa place, et écouler les produits de
» ses manufactures, depuis le Sénégal jusqu'au
» Niger, sur un territoire d'une immense étendue ».

On voit que le chef du parti philanthropique ne dédaignait pas les *avantages commerciaux* qui pouvaient résulter pour l'Angleterre de l'œuvre sainte, et qu'il savait parler un langage que n'eût pas désavoué le ministre du commerce (the président of the board of trade).

De l'autre côté du détroit, à la tribune de la Chambre des députés, le 22 janvier 1842, M. Guizot disait de l'abolition de la traite en Angleterre : « C'est
« un mouvement moral, c'est un ardent désir de met-
« tre fin à un trafic honteux, d'affranchir une portion
» de l'humanité qui a lancé et accompli cette œuvre ».

Dans ce langage qui (le *Moniteur* le constate) excita les sympathies de M. Isambert et une hilarité générale dans la Chambre, M. Guizot s'éloignait de la vérité de l'histoire et se montrait plus jaloux de l'honneur anglais que les Anglais Whitbread et Wilberforce.

Peu de mois après, dans la séance des communes du 10 avril, lord Palmerston écartait l'auréole que M. Guizot avait placée sur le front de l'Angleterre, et avouait naïvement « que l'abolition de la traite » tendait au développement de la marine et du commerce britannique »; il ajoutait comme correctif de cet aveu; « ici, comme en beaucoup d'autres cas, » la vertu porte avec elle sa récompense ». Mais lord Palmerston n'ayant mis la vertu qu'après les avantages maritimes et commerciaux, *virtutem post nummos*, je ne suis pas tenu en conscience de décerner à l'Angletérre le prix Monthyon, et mon sentiment est que toute personne, après avoir lu mon analyse historique, si elle n'est atteinte d'anglomanie au premier chef, restera convaincue : que l'Angleterre a fait la traite tant qu'elle a eu intérêt à la faire; qu'elle l'a abolie, quand elle a eu intérêt à l'abolir; et qu'elle en a poursuivi l'abolition chez les autres peuples, non par amour des noirs, mais pour la plus grande gloire de son commerce et de sa marine.

J'ajouterai que si elle a aboli la traite sur la côte occidentale d'Afrique, elle l'a maintenue sur la côte orientale, parce qu'elle était intéressée à l'y maintenir.

Je lis en effet dans les documens officiels publiés par ordre du Parlement en 1839, « que la traite se fait paisiblement et en grand sur la côte orientale d'Afrique et dans l'Inde; la demande des es-

claves étant générale, les lois diversement inter-
prétées ou négligemment appliquées ».

Un rapport du capitaine *Brucks*, commandant la
station navale à Surate, adressé, en 1836, à sir Robert Grant, gouverneur de Bombay, apprend qu'un
nombre considérable d'esclaves sont importés dans
cette partie de l'Inde;

Que les vaisseaux arabes débarquent journelle-
ment des cargaisons d'esclaves, et qu'ils sont reçus
sur toute la côte, excepté sur le territoire gouverné
par le Rana de Porebunder;

Que six bricks sont continuellement occupés à
transporter des esclaves de Mozambique à Diu, pos-
session portugaise, à Surate et à Bombay (1).

La demande des esclaves est si grande à Bombay,
que le gouverneur s'est vu forcé de faire accompa-
gner par des gardes des esclaves qui avaient été saisis
sur un négrier, dans la crainte qu'ils ne fussent volés
en traversant la ville (2).

Il résulte d'un rapport de juin 1834, du premier
magistrat de Calcutta, que la traite continuait à s'y
faire au moyen d'un service régulier de navires sur
le golfe Persique (3).

Il résulte également de rapports officiels que la
traite continuait de se faire à Madras (4).

(1) Parliamentary papers, 1838, n° 138, pages 107 à 111, 118,
123.

(2) *Ibid.*, page 129.

(3) *Ibid.*, pages 219, 220.

(4) *Ibid.*, pages 183, 186, 400.

Sir Robert Grant, dans une dépêche du 5 juillet 1836, dit qu'il a cherché, dans son gouvernement, à l'empêcher, et que les moyens préventifs dont il dispose étant insuffisants, il a dû s'adresser au gouverneur-général.

Mais il ne dit pas que le gouverneur-général lui ait fourni les moyens qui lui manquaient.

Des faits récents publiés dans les journaux anglais et français démontrent que la traite continue sur une large échelle à la côte orientale d'Afrique et dans l'Inde.

Ce qui est crime pour l'Angleterre sur la côte occidentale, est innocent sur la côte orientale ; ce qui est innocent dans l'Inde, est crime en Amérique !

Ne pourrait-on pas, sans manquer aux ménagements que commande l'*entente cordiale*, demander humblement à l'Angleterre pourquoi sa philanthropie n'a pas daigné, jusqu'à présent, doubler le cap de Bonne-Espérance !

J'ai dit, en commençant, que l'abolition de la traite a été pour l'Angleterre un prétexte ; le droit de visite un moyen ; la suprématie des mers un but qu'elle a poursuivi par les armes et par la diplomatie ; je le prouve.

La liberté des mers, le droit des neutres, furent reconnus et garantis par le traité d'Utrecht en 1713 ; par la célèbre déclaration de la confédération des puissances du Nord, du mois de mai 1780 ; par le traité de paix entre la France et la Grande-Bretagne, signé à Versailles, le 3 septembre 1783.

L'Angleterre les viola outrageusement pendant les guerres de la révolution et de l'empire.

Par *ordre en Conseil* du 8 juin 1793, l'Angleterre ordonna aux commandants militaires de la marine d'arêter les navires chargés en tout ou partie de céréales, et qui seraient dirigés sur la France ou dans les ports qui en dépendent.

Le comte Bernstorff, ministre du roi de Danemarck, repoussa au nom de son gouvernement, par déclaration du 22 août, l'invitation qui lui était faite de laisser visiter les vaisseaux danois, pour s'assurer s'ils transportaient des vivres dans les ports de France.

Le Gouvernement anglais publia, le 6 novembre 1793, une instruction par laquelle il interdisait aux nations neutres le commerce avec les colonies françaises.

Le 10 avril 1800, M. Merry, chargé d'affaires de la Grande-Bretagne près la cour de Danemarck, rédigea une note où on lit :

« Le droit de *visiter* et d'examiner les navires de commerce en pleine mer, de quelque nation qu'ils soient, et quelles que soient leur cargaison et leur destination, est regardé par le Gouvernement britannique comme incontestable à toutes les nations en guerre. »

La Russie, la Prusse et la Suède se joignirent au Danemarck et s'engagèrent par traités à repousser les prétentions de l'Angleterre.

Ces traités portent la date des 16 et 18 septembre 1800.

Lord Karisford déclara, au nom de l'Angleterre, qu'elle maintenait ses prétentions au droit de visite.

Le ministre de Prusse répondit, le 12 février 1801, avec une grande énergie :

« Le Gouvernement britannique (disait-il) s'est arrogé, dans la guerre présente, plus que dans toutes les autres, *la suprématie des mers*, et, en se formant à son gré un code naval qui serait impossible à concilier avec les principes du droit des gens, il exerce sur les autres nations, amies ou neutres, une *juridiction usurpée* dont il soutient la légitimité, et qu'il veut faire passer pour un droit imprescriptible.

» Il n'est donc pas étonnant qu'après tant de vexations multipliées, les puissances neutres aient conçu le dessein d'y chercher remède et d'établir, à cet effet, un concert bien ordonné qui fixât leurs droits et les mît en mesure de les soutenir contre les puissances belligérantes. »

Dans la nuit du 24 mars 1801, Paul Ier, empereur de Russie, l'un des signataires du traité du 16 décembre 1800, avait cessé de vivre.

L'Angleterre mit à profit cet événement que l'histoire lui impute; se rapprocha du successeur de Paul Ier; parvint à le détacher des autres puissances du Nord et lui fit reconnaître le droit de visite par deux traités des 17 juin et 20 octobre 1801.

La nouvelle de ces traités excita un très-grand mécontentement en Suède et en Danemarck, mais l'abandon de la Russie les força d'y accéder, non sans une grande répugnance et une longue résistance.

Les puissances du Nord ayant déserté les principes de la *neutralité armée*, l'Angleterre put se livrer impunément, tant envers la France qu'envers les neutres, à des actes inconnus jusque-là dans le droit des gens.

La France se vit forcée, à son tour, d'user de représailles.

Elle répondit par les décrets de Berlin et de Milan.

L'appel fait aux neutres par ces décrets, fut entendu. La Russie publia, en 1807, une déclaration qui rappelait les principes invoqués par Catherine dans la déclaration de 1780.

Mais l'Angleterre étant parvenue à entraîner presque tous les États de l'Europe dans sa lutte contre l'Empire, les États-Unis d'Amérique sont restés seuls à défendre le droit des neutres.

Malgré l'infériorité de leur marine militaire, ils ont soutenu résolument l'honneur de leur pavillon (1).

La paix de 1814 mettait naturellement fin au droit de visite

Le droit de visite, qu'on le restreignît suivant le

---

(1) On ne saurait trop admirer la constance des États-Unis, quand on les voit, vingt-cinq ans plus tard, défendre encore la liberté des mers, et repousser, par le traité du 9 août 1842, le droit de visite, auquel l'Europe entière s'était soumise.

droit des gens aux navires non convoyés, et au cas de blocus réel ; qu'on l'étendît, suivant les prétentions de l'Angleterre, aux navires convoyés et au blocus fictif, *était un droit de puissances belligérantes, qui devait cesser avec la guerre ;* l'admirauté anglaise elle-même l'a reconnu dans ses instructions à ses croiseurs de juillet 1816 (1).

L'Angleterre s'est efforcée de le conserver pendant la paix, en cachant ses prétentions à la suprématie des mers sous un masque de philanthropie.

Elle a demandé le droit de visite.... pour l'amour des noirs, et en haine de la traite !

Le duc de Wellington remit, le 26 août 1814, au ministre des affaires étrangères de France, un mémoire proposant : d'accorder aux vaisseaux de guerre des deux nations dans le tropique du nord et à l'ouest, jusqu'à la longitude du 25e degré du méridien de Greenwich, la permission de visiter les navires des deux nations (2).

Au congrès de Vienne, lord Castelreagh demanda également le droit de visite au nord de l'équateur.

M. le prince de Talleyrand répondit, au nom de

---

(1) Dans la dépêche de lord Aberdeen, du 20 décembre 1841, à M. Everett, ministre américain en Angleterre, on lit : « Le droit de » visite n'est purement qu'un droit de guerre, et à l'exception des » cas où il est concédé par traité, il ne saurait s'exercer en pleine » mer pendant la paix ».

(2) Le duc de Wellington, dans sa dépêche du 5 novembre 1814 à lord Castelreagh, avoue naïvement que le droit de visite paraît trop *désagréable* à la France et à son gouvernement pour qu'il puisse conserver l'espoir de l'obtenir.

la France : « Qu'il n'admettrait *jamais*, en fait de police maritime, que celle que chaque puissance exerçait sur ses propres bâtiments. »

L'Angleterre fut plus heureuse auprès de l'Espagne, du Portugal et des Pays-Bas.

L'Espagne consentit au droit de visite par le traité du 22 septembre 1817.

Le Portugal et les Pays-Bas y consentirent par des traités de la même année.

L'introduction du droit de visite, en temps de paix, fut regardée par l'Angleterre comme un précédent et comme une conquête de la plus grande importance (1).

Lord Castelreagh voulut immédiatement se prévaloir du *précédent* qu'il venait d'obtenir.

Il réunit, au mois de février 1818, tous les représentants des puissances maritimes, et les invita à transmettre à leurs cours la proposition d'accorder aux bâtiments de guerre de chaque nation le droit de visiter les bâtiments marchands de toutes les nations, dans le but d'empêcher la traite.

Il adressa, le 24 février, à sir Charles Stuart, ambassadeur d'Angleterre à Paris, un mémorandum pour presser le Gouvernement français de s'associer aux traités par lesquels l'Espagne, le Portugal et les Pays-Bas avaient consenti au droit de visite réciproque.

---

(1) Appel du jugement de la Grande-Bretagne par les États-Unis. Robert-Walsh, p. 376.

Le duc de Richelieu s'y refusa, et motiva son refus « sur ce que l'*offre de réciprocité était illusoire*, et que les conflits inévitables auxquels donnerait lieu l'exercice du droit de visite, auraient pour effet de troubler la bonne harmonie entre les deux gouvernements ».

Les instructions données le 26 mars 1819, à M. le marquis de Latour-Maubourg, ambassadeur à Londres, lui signalent la question du droit de visite comme celle qui exige de sa part le plus de prudence et de réserve; et lui rappellent que « la cour de Londres a cherché à *tirer parti*, pour ses intérêts particuliers, de projets qu'une apparence de philanthropie, conforme aux idées du siècle, empêche de rejeter ouvertement ».

Dans une note du ministre des affaires, M. Pasquier, au mois d'avril 1820, la France continue de repousser le droit de visite demandé pour l'abolition de la traite : « Le remède aurait plus de danger que le mal même, y lit-on; la visite sur mer, en pleine paix, est un acte qui blesse l'indépendance du pavillon. *Une nation ne saurait y souscrire sans porter atteinte à son indépendance.* »

L'Angleterre demanda derechef le droit de visite, en 1822, au congrès de Vérone.

On connaît la réponse du plénipotentiaire de France, *M. de Châteaubriand;* elle est digne de la grande nation qu'il représentait, et on ne doit pas se lasser de la reproduire :

« Si le Gouvernement français pouvait jamais consentir au droit de visite, il aurait les suites les plus funestes ; le caractère national des deux peuples français et anglais s'y oppose, et s'il était besoin de preuve à l'appui de cette opinion, il suffirait de rappeler que cette année même, en pleine paix, le sang français a coulé sur le rivage d'Afrique. La France reconnaît la liberté des mers pour tous les pavillons étrangers, à quelque puissance légitime qu'ils appartiennent ; elle ne réclame pour elle que l'indépendance qu'elle respecte dans les autres et qui convient à sa dignité. »

Persévérante dans son but, habile à profiter des circonstances, l'Angleterre a exploité les sentiments d'amitié que la révolution de 1830 avait éveillés entre deux peuples si long-temps ennemis.

Elle a abusé de la position difficile que nous avait faite la révolution vis-à-vis l'Europe.

Elle nous a vendu son alliance au prix du droit de visite (1).

M. le maréchal Sébastiani l'a avoué dans la séance de la Chambre du 28 mai 1842 :

« C'est par le traité 1831 que l'alliance a été cimentée.

» Sans ce traité, l'alliance aurait été rompue immédiatement. »

(1) L'alliance anglaise, que dans les derniers temps on a appelée l'*entente cordiale*, a produit le rappel de l'amiral Dupetit-Thouars ; le désaveu du commandant d'Aubigny ; le traité du Maroc et l'indemnité Pritchard.

Voilà le passif de notre bilan.

L'abolition du droit de visite figurera-t-elle à son actif ?

Les paroles de M. le duc de Broglie sont plus ex-
plicites encore :

« Je prie la Chambre de se reporter à l'époque où
nous étions en 1831, et aux circonstances au milieu
desquelles nous nous trouvions. C'était le moment
où le Gou ernement autrichien avait fait occuper
les États Romains ; où le Gouvernement français
avait fait occuper Ancône ; où l'armée hollandaise
avait en ahi la Belgique ; où l'armée française y était
entrée à son tour pour l'en faire sortir ; où la Pologne se débattait dans une agonie douloureuse ; il y
avait alors des deux côtés du Rhin, 7 ou 800,000
hommes qui se regardaient l'arme au bras, et personne ne pouvait dire si d'un jour à l'autre la paix
pouvait être maintenue. Fallait-il, quand on avait
la perspective menaçante d'une guerre universelle
sur le continent, se mettre sur les bras une guerre
maritime ? »

Ainsi, les traités de 1831 et 1833, sur le droit de
visite, nous ont été imposés ; l'Angleterre nous a
fait une violence morale ; nous avons subi ces traités
honteux (le duc de Broglie en fait le triste aveu), *pour
ne pas nous mettre une guerre maritime sur les bras !*

Les traités de 1831 et 1833 sont d'autant plus
déplorables que l'Angleterre les a colportés dans
toute l'Europe, s'est prévalue chez toutes les puissances du second ordre de l'exemple de la France,
et a obtenu successivement leur adhésion (1). Com-

(1) Voir les traités du 26 juillet 1834 avec le Danemarck, du 26

ment auraient-elles refusé ce qu'avait concédé la France, la France qu'elles avaient regardée jusque-là comme la protectrice née de la liberté des mers?

Notre magnanime alliée nous avait arraché les traités de 1831 et 1833.

Mais le droit de visite, d'après ces traités, était restreint et temporaire.

Elle ne tarda pas à demander que le droit de visite fût étendu et déclaré perpétuel.

En juin 1836, une communication fut faite à M. Thiers, alors ministre des affaires étrangères.

M. Thiers laissa cette communication sans réponse.

Des tentatives de même nature furent également faites auprès de M. le comte Molé.

Loin de les accueillir, M. le comte Molé, dans ses dépêches des 31 janvier 1837 et 20 mars 1838, à M. Bois-le-Comte, ministre de France à Lisbonne, et à M. le comte Sébastiani, ambassadeur de France à Londres, appelle leur sérieuse attention sur les dangers que faisait naître le zèle excessif de l'Angleterre, et sur les défiances qu'éveille *son esprit de prépotence*.

Le traité du 15 juillet 1840 était à peine signé, que déjà M. Guizot, notre ambassadeur à Londres, pressait son gouvernement de conclure le traité sur le droit de visite.

-septembre 1835 avec la Sardaigne ; du 20 août 1836 avec la Norwége ; des 6, 8 et 10 décembre 1838 avec le royaume des Deux-Siciles, la Toscane, les villes libres de Lubeck, de Brême et de Hambourg.

Le moment d'être agréable à l'Angleterre était mal choisi.

M. Thiers, ministre des affaires étrangères, résista aux instances de l'ambassadeur.

L'ambassadeur devenu ministre a signé le traité du 20 décembre 1841!

On sait que l'opinion publique et les Chambres en ont empêché la ratification.

Mais la non-ratification du traité du 20 décembre 1841 n'est pas une satisfaction suffisante; la France veut l'abolition entière du droit de visite; et là France l'obtiendra.

M. J. Lefèvre, auteur de l'amendement que la Chambre des députés a adopté dans la séance du 22 janvier 1842, déclarait :

« Qu'il entendait appeler la plus sérieuse attention, non seulement sur la non-ratification du traité du 20 décembre 1841, mais sur la non-exécution des anciens traités. »

Chaque année, les Chambres ont manifesté la même volonté.

Dans la session de 1843, les traités de 1831 et 1833 n'ont trouvé, à la Chambre des pairs, que deux défenseurs :

M. le duc de Broglie, qui déclarait lui-même se présenter comme accusé, et demandait grâce pour son œuvre ;

M. *Guizot*, qui confessait l'impopularité de sa cause et disait: « Nous sommes ici en présence d'un sentiment public, général, puissant, pressant; je le reconnais et je le respecte ». A la Chambre des députés, M. Guizot put à peine se procurer deux seconds, M. d'Haussonville, gendre de M. le duc de Broglie, et M. Agénor de Gasparin, qui déclara l'opinion publique contre lui, mais ajouta fièrement qu'il ne l'acceptait pas.

M. Guizot avait dit à la Chambre des pairs que toute négociation pour l'abolition du droit de visite aboutirait à une faiblesse ou à une folie.

Il fut moins absolu devant la Chambre des députés; il laissa même entrevoir quelque espérance.

« Quand le cabinet, dit M. Guizot, croira avec une parfaite sincérité et une conviction profonde qu'une négociation peut réussir, que les traités peuvent se dénouer d'un commun accord, le cabinet l'entreprendra, pas auparavant, alors certainement. » (1)

Devant la Chambre des pairs, M. Guizot s'était péremptoirement opposé à tout amendement; il fut plus accommodant devant la Chambre des députés.

L'amendement proposé par la commission de l'adresse était conçu en ces termes:

« Nous appelons de tous nos vœux le moment où notre commerce sera replacé sous la surveillance exclusive de notre pavillon. »

Pressé de s'expliquer sur cet amendement, M. le ministre de l'intérieur reconnut que le vœu exprimé par la commission *était un vœu public, un vœu national*.

M. le président du Conseil ajouta solennellement

(1) *Moniteur* de 1843, p. 199.

en son nom et au nom de ses collègues : « Nous acceptons la situation que la rédaction du paragraphe qui est en discussion fait au Gouvernement, et en l'acceptant, le Gouvernement remplira son devoir. » (1)

Le paragraphe fut voté à la presque unanimité.

Dans la session de 1844, séance du 8 janvier, M. le ministre des affaires étrangères déclara à la Chambre des pairs :

« Qu'il avait proposé au cabinet anglais et que le cabinet anglais avait admis l'examen des modifications que les conventions de 1831 et 1833 pourraient subir, et des propositions que le Gouvernement français lui adresserait à ce sujet, et qu'il était loin de désespérer du succès. »

La commission de la Chambre des députés proposa d'introduire dans l'adresse un paragraphe ainsi conçu :

« Cette bonne intelligence (avec l'Angleterre) aidera sans doute au succès des négociations qui, en garantissant la répression d'un infâme trafic, doivent tendre à replacer notre commerce sur la surveillance exclusive de notre pavillon. »

M. Thiers appuya le paragraphe.

« La Chambre, dit-il, à moins de se couvrir de déconsidération, à moins de passer pour le pouvoir le plus léger, la Chambre est obligée d'insister.

» La Chambre est obligée, cette année, d'insérer un article par lequel elle persiste à réclamer que la

(1) *Moniteur* de 1843, p. 209.

marine française soit replacée sous la surveillance du pavillon national.

»Mais je crains qu'à la session prochaine, on vous dise qu'on négocie encore ; je crains qu'à côté de l'amendement sur le droit de la Pologne, nous n'ayons un amendement sur le droit de visite. » (1)

M. le ministre de l'intérieur répondit : « Des deux objets signalés par la Chambre dans ses adresses à la sollicitude du Gouvernement : la non-ratification du traité de 1841 et la révision des traités de 1831 et 1833, l'un des deux a été complètement accompli ; pour l'autre, *il y a commencement d'exécution.*

» Est-ce là compromettre la dignité de la Chambre, ne tenir aucun compte de ses sentiments, la condamner à ne prononcer que des paroles vaines, revenant chaque année sans effet et abaissant la dignité des grands corps de l'État ? »

Le paragraphe de l'adresse de 1844, presque calqué sur l'adresse de 1843, fut voté par la Chambre à l'unanimité.

Le ministère a-t-il réalisé le vœu de la Chambre, un vœu que le ministère proclamait vœu *national*?

La Chambre se verra-t-elle condamnée à prononcer, cette année encore, de vaines paroles ?

S'il en était ainsi, la Chambre se devrait à elle-même de refuser son concours à un cabinet qui ne veut pas ou ne peut pas faire respecter sa dignité. La Chambre ne se bornerait plus à demander qu'on

______
(1) *Moniteur* de 1844, p. 83.

négociât, mais elle déclarerait qu'il y a lieu de révoquer les traités de 1831 et 1833.

Cette déclaration est dans le droit de la Chambre ; les traités de 1831 et 1833 étant temporaires et révocables par la volonté, soit de la France, soit de l'Angleterre.

C'est ce que je vais démontrer.

On lit dans le préambule du traité du 30 septembre 1831 :

« Le droit de visite a été accordé pour rendre plus efficaces les moyens de répression jusqu'à présent opposés au trafic criminel connu sous le nom de traite des noirs. »

Le droit de visite est donc le moyen ; la suppression de la traite, le but...

Le moyen ne peut subsister lorsque le but est atteint.

Or, il est constant aujourd'hui que la traite des noirs ne se fait plus dans les colonies françaises. M. le ministre de la marine et M. Agénor de Gasparin l'ont formellement reconnu dans la Chambre des députés. (Séance du 29 janvier 1843.)

Il est également constant qu'aucune nation ne s'est servie, pour faire la traite, du pavillon français.

Le droit de visite sur les navires français est donc devenu sans objet, et les traités de 1831 et 1833 ont fait leur temps, puisqu'ils ont accompli leur œuvre.

Les négociations qui les ont précédés, les stipulations écrites dans les traités mêmes, établissent que ces traités étaient temporaires et révocables par la seule volonté de l'une des deux parties contractantes.

M. le maréchal Sébastiani qui, sous l'empire de circonstances critiques, a eu le malheur de signer le traité de 1831, ne s'y résigna qu'avec peine.

Il résista long-temps et déclara plus d'une fois qu'il répugnait à concéder le droit de visite à l'Angleterre.

Ces honorables répugnances sont constatées dans la dépêche du 31 octobre 1831, de lord Granville à lord Palmerston :

« Les ministres français ont l'appréhension que, nonobstant la réciprocité proposée du droit de visite, le public français ne veuille considérer le concours de son Gouvernement dans un semblable arrangegement, comme une reconnaissance de la supériorité maritime de la Grande-Bretagne. »

Lord Palmerston sentit qu'il fallait désarmer ce qu'il appelait *les préjugés* de la France; qu'il fallait restreindre ses prétentions ; ne demander d'abord le droit de visite qu'à titre d'*essai*, sauf à convertir plus tard le provisoire en définitif, le temporaire en perpétuel.

Voici les instructions qu'il donna le 7 novembre à lord Granville :

« J'ai reçu la dépêche de votre excellence du 31 du mois dernier, me rapportant les pas que vous continuez de faire pour amener le Gouvernement français à consentir à ces arrangements, qu'il appert être indispensables pour la suppression efficace du commerce des esclaves.

Le Gouvernement de sa majesté regrette de voir que les objections du Gouvernement français contre un droit mutuel de recherche sur la côte africaine, n'aient pas encore été surmontées.

» Quoi qu'il en soit, le Gouvernement de sa majesté est d'opinion qu'une proposition *restreinte* peut être faite, laquelle accomplira suffisamment l'objet en vue, sans trop blesser les *préjugés* de la marine française.

» Votre excellence est, en conséquence, autorisée à proposer que, au lieu de l'établissement d'un droit *général* et *permanent* de recherche réciproque, chacun des autres Gouvernements devra fournir aux croiseurs de l'autre, qui peuvent être employés à la station d'Afrique, une autorisation écrite et spéciale leur donnant pouvoir de visiter les navires marchands naviguant sous le pavillon de l'autre pays, entre certains degrés de latitude et de longitude qui seront déterminés dans le traité.

» Ces pouvoirs pourraient être accordés seulement aux officiers commandants de ces navires spéciaux, et être limités à la fois *dans leur durée quant au temps*, et dans leur extension quant à l'espace.

» Il paraît au Gouvernement de sa majesté que cet *essai* partiel et *temporaire*, qui laissera toujours la question en tout temps sous le contrôle des deux Gouvernements, pourra devenir extrêmement utile, et doit écarter les objections existantes aujourd'hui contre un plus *permanent* arrangement, soit rendre un semblable arrangement non nécessaire. »

La dépêche du 7 novembre est le commentaire du traité du 20 novembre, et le commentaire est d'accorp avec le texte.

On lit dans les articles 3 et 5 : « qu'aucun bâtiment de guerre ne pourra exercer la visite s'il n'est muni d'une autorisation des deux Gouvernements; que le nombre des bâtiments à investir du droit de visite, sera *chaque année* fixé par une *convention spéciale* ».

Chacun des deux Gouvernements peut donc restreindre *chaque année* le nombre des autorisations ou mandats; et s'il le juge convenable, refuser d'en délivrer. Ce droit absolu laissé à chaque gouvernement démontre que le droit de visite, tel qu'il est concédé par les traités de 1831 et 1833, était essentiellement temporaire et révocable.

L'Angleterre elle-même comprenait ainsi les traités de 1831 et de 1833, car quand elle a voulu rendre le droit de visite irrévocable et perpétuel, elle a négocié de nouveau, et dans le traité du 20 décembre 1841, elle avait fait disparaître les articles 3 et 5 du traité de 1831 et avait formellement stipulé :

« Que chaque puissance aurait le droit d'exiger le nombre de mandats qu'il lui plairait, qu'ils seraient affranchis de renouvellement annuel, délivrés pour toujours, sans limitation quant au nombre, et sans possibilité de refus. »

Le jour même où ce nouveau traité avait été signé, et sans en attendre la ratification, lord Aberdeen, dans l'ivresse de son triomphe diplomatique, écrivait à M. Everett, le ministre américain à Londres :

« Que désormais entre les cinq grandes puissances européennes, le droit de visite était réciproquement établi d'une manière *permanente et à toujours* ».

N'était-ce pas avouer formellement que le droit de visite n'avait pas été établi d'une manière *permanente et à toujours* par les traités de 1831 et 1833; que le droit de visite tel que ces traités l'établissaient, était temporaire et révocable?

M. Guizot lui-même, un peu tard à la vérité dans la session de 1844, a reconnu que les dépêches de lord Palmerston et de lord Aberdeen lui fournissaient un puissant argument en faveur du droit de la France, et a promis de s'en servir.

S'en est-il servi efficacement?

Je le désire sans l'espérer.

J'ai toujours présentes à la mémoire ces paroles de M. le ministre des affaires étrangères : « Les négociations ne pourront aboutir qu'à une faiblesse ou à une folie ; les traités conclus se dénouent d'un consentement mutuel ou se tranchent par l'épée. Les bons rapports aves l'Angleterre valent mieux politiquement et moralement que la modification des traités sur le droit de visite. »

Et je n'ai pas foi dans le négociateur.

Mais j'ai foi dans le patriotisme du Roi et des Chambres, dans la volonté de la France, s'appuyant sur son droit.

www.ingramcontent.com/pod-product-compliance
Lightning Source LLC
Chambersburg PA
CBHW051748050726
47598CB00003B/1390